No. 35

Schöner lesen!

MIX
Papier | Fördert gute Waldnutzung
FSC® C144853
FSC www.fsc.org

ISBN 978-3-649-64590-0

Hafenweg 30, 48155 Münster, Germany
Illustrationen: Sammlung Augustina
Grafische Gestaltung: Daniela Lengers, Laer
Redaktion: Kreativlektorat Daniela Vogel, Finnentrop

www.coppenrath.de

ALLES HAT SEINE ZEIT

Tröstliche Worte
in Tagen der Trauer

COPPENRATH

JEDER

ABSCHIED

IST BETÄUBEND.

JOHANN GOTTFRIED HERDER

Diejenigen, die gehen,
fühlen nicht den Schmerz des Abschieds.
Der Zurückbleibende leidet.

HENRY WADSWORTH LONGFELLOW

Das Schwerste auf der Welt
ist ein schweres Herz.

JOHANN WOLFGANG VON GOETHE

Ein Abgrund – kein Boden mehr, kein Halt.
Es darf nicht sein!
Fassungslos müssen wir eine Wahrheit
begreifen, die wir nicht begreifen können,
nicht begreifen wollen.

Wie ohnmächtig
stehen wir da vor dem Weltgang,
in dem es keine rückwärtsleitende Macht
über geschehene Dinge gibt,
welche wiederherstellen könnte,
was wir verloren haben.

AUGUST PAULY

Warum?
Warum dieser Mensch?
Warum jetzt? Warum so?
Warum?

Die härtesten Prüfungen, welche wir in dieser Welt durchzumachen haben, sind sicherlich die, Personen auf immer zu verlieren, welche uns teuer sind. Standhaftigkeit, Entschlossenheit, Vernunft sind nur schwache Stützen unter so traurigen Umständen, und wir hören in solchen Augenblicken nur auf unseren Schmerz.

FRIEDRICH II., DER GROSSE

Die Welt sieht anders aus. Noch glaub ich's nicht.
Es kann nicht sein.
Und eine leise, tiefe Stimme spricht:
„Wir sind allein."

Ein jeder von uns war dein lieber Gast,
der Freude macht.
Wir trugen alles zu dir hin. Du hast
so gern gelacht.

Wir gehen, weil wir müssen, deine Bahn.
Du ruhst im Schlaf.
Nun hast du mir den ersten Schmerz getan.
Der aber traf.

Du hast ermutigt. Still gepflegt. Gelacht.
Wenn ich was kann:
Es ist ja alles nur für dich gemacht –
so nimm es an.

KURT TUCHOLSKY

Vor meinem Fenster singt ein Vogel.
Still höre ich zu.
Mein Herz vergeht.

ARNO HOLZ

Stille um uns, Stille in uns,
Stille,
die unsere Trauer umfängt und trägt.

NACHRUF

Stille kann tröstlich sein.
Sie schenkt Schutz und Zeit,
bis wir uns stark genug fühlen,
der Welt zu begegnen.

Tränen reinigen das Herz.

FJODOR M. DOSTOJEWSKI

ABENDEMPFINDUNG

Abend ist's, die Sonne ist verschwunden,
und der Mond strahlt Silberglanz;
so entfliehn des Lebens schönste Stunden,
fliehn vorüber wie im Tanz.

Schenk auch du ein Tränchen mir und pflücke
mir ein Veilchen auf mein Grab,
und mit deinem seelenvollen Blicke
sieh dann sanft auf mich herab.

Weih mir eine Träne, und ach! schäme
dich nur nicht, sie mir zu weihn;
o, sie wird in meinem Diademe
dann die schönste Perle sein!

JOACHIM HEINRICH CAMPE

Das Bewusstsein,
dass es Menschen in der Nähe gibt,
die Sorge und Sinn für einen haben,
ist so oft ein

guter Trost.

ALFRED DELP

Wir sind nicht allein.
Auch wenn es sich so anfühlen mag.
Umarmt fühlen, spüren, dass wir leben.
Vielleicht können wir das zulassen.

Denn Trost fürs Herz
ist die halbe Heilung.

JOHANN FISCHART

Jedes Sprichwort, jedes Buch,
jedes kleine Wörtchen,
das dir zu Hilfe und Trost bestimmt ist,
wird auf geraden oder verschlungenen Wegen
zu dir gelangen.

RALPH WALDO EMERSON

Trösten ist eine Kunst des Herzens.
Sie besteht oft nur darin, liebevoll zu schweigen
und schweigend mitzuleiden.

OTTO VON LEIXNER

Ein teilnehmendes Herz
findet mühelos die Worte und die Weise,
die zu unserem Herzen passen,
die zu unseren Schmerzen passen und
tröstend durch all unsere Trauer klingen.

EDMUND HOEFER

Mit anderen Menschen sprechen, mit ihnen weinen, mit ihnen erinnern – Zusammenhalt und Nähe können uns Frieden geben. Gemeinsam sind wir vielleicht ein kleines bisschen weniger einsam.

Ich gehe fort, –
– auf einen
anderen Stern,
auf einen helleren.

ERNST VON FEUCHTERSLEBEN

Wenn etwas uns fortgenommen wird,
womit wir tief und wunderbar zusammenhängen,
so ist viel von uns selber mit fortgenommen.

Gott aber will, dass wir uns
wiederfinden,
reicher um alles Verlorene
und vermehrt um jenen unendlichen Schmerz.

RAINER MARIA RILKE

MONDNACHT

Es war, als hätt der Himmel
die Erde still geküsst,
dass sie im Blütenschimmer
von ihm nun träumen müsst.

Die Luft ging durch die Felder,
die Ähren wogten sacht,
es rauschten leis die Wälder,
so sternklar war die Nacht.

Und meine Seele spannte
weit ihre Flügel aus,
flog durch die stillen Lande,
als flöge sie nach Haus.

JOSEPH VON EICHENDORFF

MÖGE

MIT DER TRAUER

AUCH DER TROST

ZU DEN TRAUERNDEN

KOMMEN.

IRISCHER SEGENSWUNSCH

Nur in der Tiefe der Seele,
mit Hilfe jener Kraft,
die stärker ist als alle Vernünftigkeit,
kann Trost und Ruhe gefunden werden.

WILHELM BUSCH

Wir haben unsere Gedanken und Gefühle mit dem geliebten Menschen geteilt – wir dürfen es weiterhin tun.
Wir betrachten ein Bild, den Grabstein, einen vorbeifliegenden Schmetterling und wir sprechen zu ihm – über Ängste, Sorgen, Hoffnungen und Sehnsüchte – wie wir es immer getan haben.

Auch das ist Kunst,
ist Gottes Gabe,
aus ein paar sonnenhellen Tagen
sich so viel Licht ins Herz zu tragen,
dass, wenn der Sommer längst verweht,
das Leuchten immer noch besteht.

JOHANN WOLFGANG VON GOETHE

Im Garten der Zeit wächst die Blume des Trostes.

AUS RUMÄNIEN

Habe Geduld gegen alles Ungelöste in deinem Herzen und versuche, die Fragen selbst liebzuhaben wie verschlossene Stuben und wie Bücher, die in einer sehr fremden Sprache geschrieben sind.
Forsche jetzt nicht nach den Antworten, die dir nicht gegeben werden können, weil du sie nicht leben kannst. Und es handelt sich darum, alles zu leben. Lebe jetzt die Fragen. Vielleicht lebst du dann allmählich, ohne es zu merken, eines Tages in die Antwort hinein.

RAINER MARIA RILKE

Auf den Flügeln der Zeit
fliegt die Traurigkeit davon.

JEAN DE LA FONTAINE

Irgendwo blüht die Blume des Abschieds
und streut immerfort Blütenstaub,
den wir atmen, herüber,
auch noch im kommendsten Wind
atmen wir Abschied.

RAINER MARIA RILKE

Es braucht Zeit, das Leid zu verarbeiten;
sich mit einem Lächeln zu erinnern und
nicht nur mit Tränen.

Eine Stimme,
die mir vertraut war, schweigt.
Ein Mensch,
der immer für mich da war, lebt nicht mehr.
Doch was mir bleibt,
sind viele schöne

Erinnerungen.

NACHRUF

Vielleicht erkennen wir irgendwann in
den Wundern dieser Erde etwas von dem
Menschen, den wir verloren haben –
im Sternenleuchten, im Windhauch,
im Kinderlachen.

Wenn Liebe einen Weg zum Himmel fände
und Erinnerung zu Stufen würden,
dann würde ich hinaufsteigen und
dich zurückholen.

NACHRUF

Dem Auge fern,
dem Herzen nah!

LUDWIG JACOBOWSKI

Wenn auch die Menschen sterblich sind,
die ich liebe,
so ist doch das unsterblich,
was ich an ihnen vor allem liebe.

FRANZ VON SALES

Die Liebe ist ein Kind der Ewigkeit.
Sie verwischt die Erinnerung an den Anfang und
nimmt die Angst vor dem Ende.

GERMAINE DE STAËL

Es heißt nicht sterben,
lebt man in den Herzen der Menschen fort,
die man verlassen muss.

SAMUEL SMILES

*Was du ewig liebst,
ist ewig dein.*

EMANUEL GEIBEL

Die Liebe ist vor allem
ein Lauschen im Schweigen.

ANTOINE DE SAINT-EXUPÉRY

Der Tod ist der Grenzstein des Lebens,
nicht der Liebe.

NACHRUF

Wir haben in den trübsten Stunden
ein Heilmittel zur Hand:
das Denken an eine geliebte Menschenseele.

OTTO VON LEIXNER

ÜBER DEN TOD

Dann sprach Almitra und sagte: „Wir möchten jetzt gerne etwas über den Tod erfahren."

Und er sagte: „Du willst das Geheimnis des Todes kennen – aber du wirst es nur finden, wenn du es im Herzen des Lebens suchst. Möchtest du tatsächlich die Natur des Todes verstehen, dann öffne dem Leben dein Herz ganz weit. Denn Leben und Tod sind eins, wie der Fluss und das Meer eins sind. Tief in deinen Hoffnungen und Wünschen verankert, liegt dein stilles Wissen über das Jenseits. Und wie der Samen unter dem Schnee, so träumt auch dein Herz vom Frühling. Vertraue den Träumen, denn in ihnen verbirgt sich das Tor zur Ewigkeit.

Deine Angst vor dem Tod ist nur wie das Zittern eines Hirten, wenn er vor dem König steht, dessen Hand ihm zu Ehren aufgelegt werden soll. Zittert der Hirte nicht auch aus Freude über die Anerkennung des Königs? Doch denkt er nicht mehr an sein Zittern?

Denn was ist Sterben anderes als nackt im Wind zu stehen und mit der Sonne zu verschmelzen? Und was heißt aufhören zu atmen, als den Atem von seinen ruhelosen Gezeiten zu befreien, dass er sich erhebt und ausdehnt und unbeschwert auf die Suche geht?
Nur wenn du aus dem Fluss der Stille trinkst, wirst du wirklich singen. Und erst wenn du den Gipfel des Berges erreicht hast, kannst du anfangen zu klettern.
Und erst, wenn dein Körper von der Erde beansprucht wurde, kannst du wahrhaft tanzen.

KHALIL GIBRAN

STERBEN

IST DAS AUSLÖSCHEN

DER LAMPE

IM MORGENLICHT,

NICHT DAS AUSLÖSCHEN

DER SONNE.

RABINDRANATH TAGORE

Ich bin nicht tot,
ich tauschte nur die Räume.
Ich leb in euch, ich geh in eure
Träume.

MICHELANGELO BUONARROTI

Wer einen Fluss überquert,
muss die eine Seite verlassen.

MAHATMA GANDHI

Gefühle bleiben im Herzen lebendig, Empfindungen an schöne Momente mit diesem ganz besonderen Menschen vergisst man nie. Keine Angst.

Wenn einer starb,

den du geliebt hienieden,
so trag hinaus zur Einsamkeit dein Weh,
dass ernst und still es sich mit dir ergeh
im Wald, am Meer, auf Steigen längst gemieden.

Da fühlst du bald, dass jener, der geschieden,
lebendig dir im Herzen auferstehe;
in Luft und Schatten spürst du seine Nähe,
und aus den Tränen blüht ein tiefer Frieden.

EMANUEL GEIBEL

Was sichtbar ist,
das ist zeitlich;
was aber unsichtbar ist,
das ist ewig.

NACH 2. KOR. 4,18

Wir werden Frieden finden.
Wir werden den Engeln lauschen
und den Himmel sehen,
funkelnd von Diamanten.

ANTON TSCHECHOW

Unser Leben ist der Fluss,
der sich ins Meer ergießt,
das „Sterben“ heißt.

JORGE MANRIQUE

Lass mich ruhn in deinem Schimmer,
sanfter Mond, Erinnerung!

EMANUEL GEIBEL

Was bleibt: unsere Liebe, unsere Sehnsucht, endlose Traurigkeit, unvergessliche Momente, kostbare Erinnerungen.

Spielt, lächelt,
denkt an mich!
Leben bedeutet auch jetzt all das,
was es immer bedeutet hat.
Es hat sich nichts verändert.
Ich warte auf euch.
Alles ist gut.

HENRY SCOTT HOLLAND

Der Reifen eines Rades wird
gehalten von den Speichen,
aber das Leere zwischen ihnen ist das
Sinnvolle beim Gebrauch.
Aus nassem Ton formt man Gefäße,
aber das Leere in ihnen ermöglicht das
Füllen der Krüge.
Aus Holz zimmert man Türen und Fenster,
aber das Leere in ihnen macht das Haus
bewohnbar.
So ist das Sichtbare zwar von Nutzen,
doch das Wesentliche bleibt unsichtbar.

LAOTSE

Jedes Leben ist ein Geschenk, welches für immer in unseren Herzen weiterleben wird.

ICH GEHE MIT,

UNSICHTBAR

BIN ICH NUR,

UNHÖRBAR

IST MEIN TRITT …

GORCH FOCK

ERINNERUNG

Hier will ich sitzen und ruhen
an diesem lieblichen Ort,
will schweifen lassen das Auge
ins Weite von Ort zu Ort.

Will still sitzen und denken
an alles was ich geliebt,
will alles, alles vergessen,
was mich verletzt und betrübt.

Und kann ich es denn verbannen,
woran ich nicht denken will?
Wie bleibt es beim frohen Erinnern
im Herzen so öd und so still!

Es sind so innig verbunden
in mir die Freuden und Wehn,
dass nur vereint sie entschlummern,
vereinigt nur auferstehn!

LUISE BÜCHNER

Loslassen –
setz dich an einen Bach und sei einfach da.
Das Lied des Wassers
wird deine Sorgen aufnehmen und
sie hinab zum Meer tragen.

MARCEL PROUST

Das Leben hält für alles eine Zeit bereit,
eine Zeit des unendlichen Glücks,
eine Zeit der ohrenbetäubenden Stille,
eine Zeit der tiefen Trauer.
Eine Zeit der dankbaren Erinnerung.

Loslassen können –
nichts könnte schwerer sein. Uns selbst erlauben, den Blick zu heben, die erste Frühlingswärme nach dem kältesten Winter zu spüren. Ja zum Leben sagen.

Du wirst nicht weinen. Leise, leise
wirst du lächeln, und wie zur Reise
geb ich dir Blick und Kuss zurück.

RICHARD DEHMEL

Wenn du bei Nacht den
Himmel anschaust,
wird es sein, als lachten alle Sterne,
weil ich auf einem von ihnen wohne,
weil ich auf einem von ihnen lache.

ANTOINE DE SAINT-EXUPÉRY

Die Liebe
überdauert
alles.